AF607041
AVERSO

SI MOLESTO... ME QUEDO

LUNA MORIANA

Número 37 de la Colección **PERVERSA**

Si molesto... me quedo

Edición al cuidado de Averso Poesía
www.aversopoesia.com

hola@aversopoesia.com

Primera edición: septiembre de 2024
ISBN: 978-84-10027-39-8
Depósito Legal: GR 1292-2024

Impreso en España - *Printed in Spain*

El papel utilizado para la impresión de este libro está calificado como papel ecológico y procede de bosques gestionados de manera sostenible.

SI MOLESTO… ME QUEDO

LUNA MORIANA

A Juana, Isaac y Manuel, los pilares de mi alma.
A Plácida, que es mi luz.
Y a Potxo, te veo en cada rincón, pitxín.

AYER FUE LUNES
(PROLEGÓMENOS)

A partir de aquí nos hacemos amigos
de la calma y la cuna.
Somos un perfume (antiguo)
en procesión por un laberinto herido y caprichoso
donde gusta más querer que ser querío.

Se acerca de reina mora
y las viejas se disfrazan de romería
y un mendigo al piano hace croar al quebrantahuesos.
Suenan versos, mimo y ternura.

A partir de aquí imaginamos errores
y el viento se dilata como un poema al rojo vivo.
(Terribilitá).
A partir de aquí huimos de malas lenguas
y el cansancio se vuelve profético.
(Casi arácnido).
Es el misterio de lo innecesario.
La armonía sorda de un reflejo
que estalla
y resbala por tu frente y por la mía.
A lo lejos, una figurita de cristal.
Un cristal finísimo, pero asesino.
(Olvida esto último).

A partir de aquí tira sin miedo.
Los números hace tiempo que dejaron de existir.
Dame un minutico.

(Se me eriza el lápiz con una brisita tierna).
Mi trabajo aquí es hacerte comprender.
(¿Te imaginas?).
Aquí solo llevamos un lema por bandera:
Los versos no se explican, se dan.
(Blanco sobre blanco).
Y el asco siempre nace en el ojo más limpito.
(Guiño, guiño).

A partir de aquí las flores follan en privado.
Demasiada verdad.
Risas, quejío y polen.
(…)
¡Comodín!

Antonio Pedraza

POEMA D’AMÔH

Hace tres días pisé una caca.
Le habla a las vecinas y le dise:
«Pisâh mierda da buena suerte, ¿sabê?
En la vía tú tienê que êttâh agradesía,
porque tú qué quierê sêh…
de esa gente desagradesía que sena sin ganas
y se acuesta tibia…
O tú quierê mirâh por la ventanilla,
y que te amamante el sol de vida…
O mirar el mundo
y sentirte plena con el mundo,
Carmen…».

Para cada hermosa cuestión,
riman clavelito con hambre,
el humillo de tu pitillo con mi aire
y el fuego de la tierra con tu corazón,
pa que no seas más
caparazón de alambre…

Y yo te camelo.
Te pillo comprando tabaco y te digo al oído:
«Tengo dôh bonô der mâddonars, Gordi,
caducan mañana y uno tiene toa tu cara…».

Déjame de tocarte los pelitos de lâ piernâ, o mejor,
al verte de salir der baño de este antro nuestro
que nos gusta tanto
me atuse las patillas yo,

mientras suenan los Pecos.
Y te mire con toa la cara
de bollicao en el recreo con jama,
puxerito pal invierno de mi alma,
tostaita de mañaneo…
Proteína pa mi encía.
Si bien es cierto que el amor se mueve mejor
por el jardín de la libertad donde juega y baila.

Y si bien todas saben que se hace mejor el amor
con lo que hay tras las cejas y bajo el pelo
que nos cubre la cabeza.
«Déjame de mandarte temitas de Camela
de dj YouTube, y que te ronee yo…
mientras me unto las manos en manteca
pa contar despacio de tu espalda las pecas».

Que yo te mando emoticons der fuegote y la gitana.
Pa terminâh un corazón…
Que se quede bombeando en tu pantalla…
¡Bum bum!
Hasta que a la mayor la llevemos a hacer la comunión
y a la nueva le pongamos er babi, los sarsillos,
y al pequeño le cortemos er frenillo
y lo vistamos de Camarón.
«Si bien es cierto que cualquier lugar de la tierra
sería un buen lugar para practicar
el mágico camino de amarte…».

Gordi, yo te pongo un palacio de protección oficial
a la orilla del kioskito de la esquina del amor…

A la luz de la farola que titila.
Al final der pazillo de mis sueños.
Si te digo que por ti frío croquetâ y flamenquinê
con la ropita de lô domingô,
y te doy mi cuenta der neflîh
pa que gocemos lô dôh juntitô.
Cada uno en su saloncito,
haciendo manitas por el TikTôh,
bailando por Daddy Yankee…

¿No es verdad, ángel de amor?
Que cierran el Supersol.
Que hay que pillar cenita…
Calor pa tu narisita,
babita de caracol,
infusión de Frenadol.
Que te digan las vecinas
«mejor besos que aspirina».
Agradecer estar vivas,
despertarnos las dos juntitas
entre cigarrillos y endorfinas.

Yo lo que quiero es
vivir agradecida
y que quede pan de ayêh…

Yo pisé una caca hace tres días,
solo tres…
Y te he escrito un poema de amôh.
A mis vecinas les gusta…
¿Lo quierê leer?

ODA A MI *ROUTER*

Ilumina la cocina la luz del *router*,
que a ratitos discute con el led de la nevera.
Son el efecto especial que más me gusta
y aun así entre luces se pelean.

Estamos contaminadas de explosiones recurrentes
que nos hacen levantar las plumas del *alter ego*
y volvernos elocuentes.

Tengo que confesarte, wifi mío,
que antes de que existieras yo era:

Era un caramelo sin abrir.
La vida era de carne y pelo,
escalera de cuerda escalando hasta tu casa.

Chano romancero payo.
Y ahora que ya llegaste…
Tengo ganas de decir mierda, hasta que la boca
y la mente se me enreden y se pierdan…
Tengo ganas de liarla parda.
Un escándalo.
¡Illa!
Pero que ni te imaginas...
No parpadees.
No me mires así, petarda.
Vamos a liarla proporcionalmente parda.
Y creo que la dulzura de la miel de caña mezclada

con cabra votará a nuestro favor
en estas elecciones de mayo.

Creo que cuando no me veas voy a llorar
hasta inundar la azotea y no voy a parar
hasta que digan
que en Galicia ha cesado el fuego en el monte
de comerse a la vida.

Hay muchos ojos que miran a través de ti.
Creo que la mayoría de las cosas que decimos
son mentira, las que hacemos son verdad
y se confunden muchas otras.
Como que creo de pronto entender el significado
de la vida, de por qué las abejas y las flores,
de por qué el humano a la política, por lo del fuego
que aprendieron a usar y tal, y me escandalizo.

Es que justo pasa una mosca verde por mi lado,
que da la casualidad de que es familia de tus palabras
y otra vez riego el suelo de agua con cal viva.

Tengo ganas de empezar a cavar, y no parar
hasta que tenga las manos que no sepa si son mías
o de todas las cosas que no hicimos juntas.

Creo que voy a ir al sitio donde cogí por primera
vez la bicicleta y le voy a dar un abrazo al naranjo
contra el que me partí los morros.

Me lo ha enseñado todo sobre cómo no hacer las cosas.

(No como tú, *router* que me ilumina).
Y gracias a ese naranjo y a mi impulso valiente
de pegarme hostias
podría liarla...

Con ternura.
Y frescura.

Pero intento no hacerlo.
Para que no te ralles.

LA PRIMERA IDEA

Me encanta el fuego.
Sueño que soy él y prendo en un rincón
que nadie conoce.

Hago humear el Congreso de los Diputados
porque quiero ver arder sus asientos de cuero
(huelen tan bien).

Quiero que se fundan los leones
que protegen esa escalinata enorme
con escopetas llenas de miedo;
quiero y puedo.

Soy fuego cargando por la culata
contra quienes quieren dispararme
para herir los ideales ajenos.

De los labios de quienes se detestan a sí mismos
salen mis familiares, que hacen quemaduras
en la nuca de los niños más solitarios en su defensa.

Soy fuego,
salgo volando sobre la asquerosa sonrisa
de los que abusan y les cierro la boca
para que descansen...

Soy fuego y quiero bailar con los fascistas del mundo
y hacerles un traje de noche apretado con sus ideas.

Soy fuego, antes era pensamiento.
Doy calor, quiero dar más calor.

Quiero hacer arder el centro comercial de noche
y que los aires acondicionados se arrodillen ante mí.
No me importa lo que pienses.

Quiero dormir pero soy fuego,
y cuando duermo me apago.

Quiero volver atrás donde desayunaba Franco
y dejarle el bigote como un nido abandonado.
Quiero que sepa lo que nos ha dejado.

Soy purificante,
soy justo, no pido nada,
voy a hacerte sentir viva sobre una vela
en la iglesia que se enciende y se apaga
con una moneda.

Voy a faltarte.
Y a aparecerte en la mano de quien más coraje te dé...
Encenderé tus cigarros industriales.

Apagare tú calma cuando me mires,
y si te gusta mi plan vuélvete fuego conmigo.

Hay que quemar a quienes queman sin ser vistos.
Hay que volver ceniza el fascismo...

Quiero ser fuego y luego apagarme,
cual lámpara que vuela sobre el océano.
Y mirar atrás los caminos seguidos.
Y comprar cerillas con nostalgia.
Fundir el oro.
Hacer un pozo.
Meter el oro.
Sentirme libre.
Pero quemar el Congreso,
que el cuero cuando arde huele mejor
con la grasa de los años.

MI PLASER

Me describía la esperanza un lago con nenúfares
y carpas dando los buenos días,
cuando de niña salía con su familia a nadar.

Imaginé entonces
mis ojos de bebé buceando entre corales.
El tierno bocadito de quien se alimenta
de superposición e imaginación.
Una caricia en el antebrazo que hace brotar
lavanda en otro continente.

Veo esa nube, cómo nos mira,
¿la ves?

Entre publicidad y empaste me sale de la comisura
comida basura con glutamato y drogas
pa las papilas, que se ponen tó ciegas
y entran en éxtasis…

Está eso de lo prohibido,
que da gustito a su vez,
que da miedo.

Toco con mis dedos pringosos de aceite y pollo
todos los cuadros del Prado de los Borbones.

Paseo desnuda por los jardines.
Me tumbo en el césped
y nadie viene a echarme.

Que el lóbulo, la amígdala, el hipotálamo
y lô dedô gordô de lâ manô se pongan de acuerdo
hace que nada sea imposible entre las orejas.

Una mariquita se apoya en mi mano…
Puede ser un águila con guantes de goma
que me trae tabaco, fumamos y me habla de Mozart.

Si existe algo mejor que el olor de su cabeza,
eso sí que no puedo de imaginar ni soñar.

Si existe algo mejor que sus ojos cuando me miran a mí
y no lo que ve la gente…

Estás flipando.
Ni el violento océano más colorido de la galaxia
mira así.
Me entran ganas de comer táper de madre
sobre tierra mojada si pienso en sus ojos.

LAS LAPAS

Aguda y visceral es la vida de la lapa,
apegada a su tierra,
y si se separa vuelve al hueco del que vino.
Se riza una gaita con el viento,
hace juego con el gris manchado del cielo
a punto de llorar y llorar.

Un bosque zalvaje de verdes y coral crece
sobre una roca viva que se mueve despacito sobre la
pared.
Puntales oxidados agárranme por dentro,
todo el mundo es de madera,
madera que respira tierra viva.

Me cubro de florecitas amarillas,
pasto cortado por soplidos del cielo.
Atravieso piedras afiladas con las suelas
de mis kechua recicladas, ya no tengo frío.

Una lapa soporta todo,
los golpes del violento oleaje le hacen masajitos.

Su cuerpo se adhiere a la roca rasposa
y dulcemente irregular.

Hasta volverse piedra también, la lapa es pisada,
mordida por el musgo, sacudida por los torrentes
que hacen vibrar el globo terrestre.
Es fuerte como el suelo,

y blanda como tu corazón cuando la veo boca arriba.
El fuerte que la abriga son sus huesos
sembrando valor.

Su interior babea y suavemente se sacude.

Hoy soy como este molusco.
Salada por dentro.
Difícil por fuera, pero sigo siendo.
Aunque no me miren las gaviotas sigo estando.
Aunque escriba con faltas respiro y aprieto los dientes.
Seguro que las lapas a veces también están tristes,
como yo.
Pero nadie se fija en lo que sienten las piedras,
eso sí que da pena de verdad.

Un mordisco al mar y desaparece la tristeza,
y se colorea el cielo de otro tipo de gris,
que aprecia el valor de los seres que lo habitan
con otra luz.

PU-PUBLICIDÁ

Cómprame con los anuncios
que para atracar en los corazones un pedacito
de tiempo manipulan pociones
que no tienen conjuro de devolución.
No vuelve ese momento de ver pasar un coche
dentro de un marco con letra pequeña
diciendo algo importante justo debajo.

Vendone 30 % for freedom...

Ternura...
Compra, hostia, esta movida
pa que no se te caiga la dentadura.

Choche, amô a sêh lâ reinâ de la noche,
bebiendo vodka rosita.

Nos van a hacer lô sobacô xiribitâ
con este desodorante que chuta el mar Caribe.

Gente joven y alocada.

Muestra viajes de tripis con música sexi
y anuncia colonia...

Y más colonia...

(No se ven los olores tras la pantalla,
María Dolores, ¿sabes lo que se ve?).

Se ve cómo en tu garganta
plantan campos de naranjas amargas
y tras cuidarlas dejan que brote ese moho verde
con la orillita blanca y se propague…

Cero drama,
non stop party.
Y a la mierda las naranjas con su vitamina C.
Y a la mierda con el misticismo,
y a tomar por culo el amor propio,
hay mucha suciedad que frotar,
mucho que comprar poco que vender.

Y a mis trompas de Falopio
no le sientan bien tus támpax.
Tus compresas me harían sentir segura
si a los malos les sacaran una navaja.
¡Jura!

Cuando entro al súper,
siento que estamos en un puto anuncio rancio
de esos que duran poquísimo y se repiten
y tripiten con eslóganes chillones.

Demasiados colores,
demasiado imperativo.
Cuando espero en la cola del Mercadona…
me dejo de caer sobre esos minuticos
imposibles de recuperar de otra forma.

La vecina de caja va a cenar salmón,
yo nunca compro salmón ni queso muy caro.

El tío de la caja seguro que piensa mil cosas
mientras la música y el compás alienante
lo intenta de oprimir y marchitar
para que produzca abono.

Siempre me pregunto qué pensarán,
si seremos nosotras anuncios en el hilo argumental
de su dulce vida.

O peor, si por tanto ir y venir de almas mundanas
se hayan perdido las madejas de sus fantasías…

Y estén por ahí perdidas en un pantano de
vulgaridades que no les pertenecen.

Cuando veo los anuncios, procuro parar un poco
la dosis cuando dejo de estar solo yo
en la sala de las chorradas,
y solo están ellos
exigiendo con sus juegos de luces,
sus efectos ópticos, sus espejitos de colores.

Y no tengo cafetera pa capsulitas.
Tampoco dinero pa crema pa volverme ya viejita.

No peino colonia,
y amo los tomates que crecen en mi huerta.

Naranja dulce y reciclados alimentos
que alguien no quiso.

Los publicistas son el mal,
porque saben adormecer al alma
y despertar al robot de la prisa
para robarnos la calma
y dibujarnos una paz
que es como esnifar tiza mezclada con lavanda,
a un precio jamás visto.

EL TIEMPO DICE

Un respeto a las cerillas que se apagan pronto
y a las señoras con el pelo blanco cardado
que apenas pueden caminar y salen a la calle
y caminan.

A las personas que tiemblan.
A las hormigas y el impulso
que las lleva a construir su hormiguero
después de que algún niño lo haya destrozado.

A las sillas de ruedas que se van pal laíto.
A la gente que pierde absolutamente todo
lo que le amarraba al suelo y sale volando.

Respeto a quien te quiere, a quien te ha querido,
a quien no ha sabido quererte…

Porque los meteoros emocionales y físicos
nunca rompen por azar,
aunque su trabajo es hacerte pensar
que se caen
sin querer…

Tic toc…
Zoy la alarma de tu reloj.
Toc toc…
Zoy mahera rasgá del tiempo
y hablo con tus fantâmmâ
tumbá en el colchón.

Me cuentan de sopa y papa aliñá.
Castaña asá.
Frío.
Humeditá...

¡Tú, tú!
Zomô serpentina un sábado noche
en la boca de dôh melocotonê en armibâh
que se dan su primer beso metidos en un coche.

Esto y eso.
Zoy un clavo oxidado agazapado...
Zoy olor de queso.
Ahora zoy contigo un charquillo
de donde beben los pajarillos a la hora del mañaneo.

Grrrgrrr.
Zoy un ronquido con gemido
y rasgueo de castañuelas en los dientes
que te despierta en la noche...

Ay, Mari.
Zoy cada puñalito que antaño sentías
y ya se ha ido pero ni lo sabes todavía.

Bufff, dios.
Zoy incienso mojado que prende
y asusta a la sotana del cura del barrio.

¡Fiuuuuuuuu!
Zoy papelito en el suelo pisao.

¡Viene el viento y vuelo más alto que el sol!
Viene la lluvia y me vuelvo fango.
Y me gusta estar susia.
Ñamiñami.

(No me da nada de asco).

Zoy peo de viejo en la madrugá.
Zoy florê en medio de la autovía.
Zoy pan de rebaná de pueblo.
¡Crudo!
Zoy contigo un ramillete de cosas vivas que se mueven
y no se pueden contâh,
que hacen muchos ruidos bonitos
como un riachuelo con cascá.

Tic toc…
Zoy las ganas de mirar el reloj,
mientras me roza el cuello un abejorro.
Mastico la dulce bocanada de verde.
(Ese verde que solo soy cuando te veo).

¡Flash!
¡Grrrr!
Zoy tú tó siego en el escalón del infierno
intentando encender
con las manos mojás de gasolina el mechero…
Y tengo sed.
Tic toc…
Van a cerrar.

Zoy el reloj y recuérdote
que no zoy más que un lugar
donde dejar mecerse a tu preciado tiempo.

CAMORRA
(SALIR DEL BUCLE)

Me da envidia sana alguna gente
y me la unto en pan que luego doy a los patos,
se moja y da mucho asco.

La agresividad es un animal desfavorecido,
triste y confundido, que va por el laberinto
de sus propios sustos, de sus avaricias no conseguidas,
de sus sueños no logrados...

Así se enfada por no llorar.
Así se araña la cara y sangra a cada rato un poco.

Cuando los vecinos se van:
la jauría de lobatos vecinos llora desconsolada
porque piensan que ya no volverán.

Porque atados a un poste no saben qué va a pasar.
Y eso da mucho miedo.

Estoy saliendo del bucle cocacola y manta.
Ahora es saco de dormir y agua.
Me chuto aire fresco.
Me trisco los huesos antes de crujir el suelo
con mis horas liberadas.

Ceno mucho y sigo con hambre.
Me fumo un porro y cabalgo horas
un arcoíris que no es mío como si lo fuera.

Estoy saliendo del bucle:
Fulanito no me gusta,
Maripepi me cae mal,
el kioskero no saluda,
a ese lo quiero matâh…
me ha hecho daño esa piedra…

Bendita piedra.
La gente está jodida y da lo mejor que tiene.
Con eso me lavo los dientes y cuento estrellas
mientras prendo la vela antes de dormir.

Y pido cosas que creo que necesito,
algo que se mueva en el algoritmo de la pacha tierra.
Estoy saliendo del bucle y me siento bien,
a vesê mal,
pero duele menos, no necesito veneno.

Chicha y limoná.
Crisis nerviosas.
Pelitos y picaduras casi que no pican.
O poco rato.
Porque sé lo que es comer el pan mojado de los patos.
Y sé de potaje de anteayer y levadura caducá…

Y quiero pensar que el bucle
es esa zona del súper donde hace frío, las neveras.

Que siempre quieres salir,
pero por ella hay que pasar pa comer fresco.

Prometo no salir del bucle,
pa seguir llenando el buche
con amores intensos, valores y lluvia luego.

La pandilla de perros vecinos
cuando aparece alguien amigo para de sufrir,
ya no se sienten solos.

Y eso es muy bonito, por eso respiro,
por eso existo
y les acaricio el hocico y el lomo.

Mañana es domingo.
El lunes nos vamos.
Hay que recoger.
Pero yo no quiero.
La puerta del bucle aún está lejos.
El pomo quema pero hay pomo al menos.

HOY

Vengo de bailar toda la noche.
Con una neurona pegada con fixo
a la mansión de mi cerebro que está hecha mierda.

Y la otra asustada fregando el desastre,
escuchando en la radio el último *hit* del verano.

Escribo cagando con el cuerpo caliente
como el cuello de un costalero.
Me hago pajas mentales con llegar a la cama
de un salto de puntillas con mi piel de pijama,
lo que provoca la llamada resaca
o ganas de morir por subidón de bajona…

Es la deshidratación,
que mezclada con mi cara doblada
da un poco de miedo…
Mantuviéronme despierta
una orgía de panderetas a descompás
y un cocacola que sabía
a muerte en vasito no reciclable.

Reguetón en la aorta y transmisiones
que se cortan de borracho en borracho.
Construyo un puente de plata
bebiendo agua calentita en vaso ancho.
Mis sobacos también cantan a pasito de taranta
si subo los brazos.

Ha videollamado el Nono tó mágico por wasap
con más duendes desde la plaza
en donde «mañananean» este verano.

Que se está tó flama y van a desayunar al bar
donde hemos cambiado.

La neurona ha terminado de fregarme
el despacho, donde pone mi cabeza amarilla
como un limón de campo y los ojos en blanco.

Aquí todos sabemos de pasarnos de la raya.
Arrimar el desayuno, aunque sea con la mente
y agüita de mayo.
Estornudo,
y las dos neuronas saltan de lao,
me meo dentro del prao.
Se me descose el sayo.
A la Virgen der cansancio vengo a rezarle.
Al corrector del móvil a rogarle
que me deje de ser yo con los que me hacen de reír.

Que se me salen las velas de mocos si pienso en ti.
Gracioso como caracolillo de niño travieso.
Azuquita con miel en momentos espesos.
Me diluyo en el colirio
que me aclara la mirada pa los otros,
que sí saben cómo soy y me invitan.
Les doy chuches de Rajoy,
agua y palomitas.
Y nos comemos a besitô con los ojos.

Sin tus colegas eres tú.
Sin tus amigos nunca estás.
Porque van contigo y llevan tu cruz.
Y tú la suya pal altar.
A beber café en la placita que nos vio de llorâh.

AKELARRE

Me ha leído la mano un duende,
y dise que soy estrella,
que aunque apriete la soga el patrón
trepo por ella.
En el viaje al norte de lo crudo,
yo que soy der sûh profundo,
no me he resbalado ni me he caío, te lo juro…
no me asusta lo que no comprendo,
me siento todos mis ancestros cenando
en este momento y les reso así:

Sapô y brujâ.
Trompicones en babuchas.
Comerme enterita.

Entrégome a volverme de caramelo
y terciopelo en esta cueva.

Agua corriendo, roca sudando, viento cantando,
fuego del pasado jamás visto.
Enciéndeme los petardos.

Sapô y culebrâ.
Bezitô en tarro.

Relámpagos, tened piedad de mis miedos.
Convertirlos en cuerda pa este pozo profundo.

Arrancarlos de mis ralladas
como la hierba que sesgo por un trozo de pan
y que me quema.

Encended la vela, traedme suerte…
Vamos a volar.
Venid conmigo al fin del mundo
para volverlo el principio...

Explota el cielo,
se cae pal suelo.

La misticidad es musgo, es mi colega y la tuya.
Bruja de mi alma enamorada del ahora
y el luego escribe cartas con un palo sobre arena.
Ten cuidado de este mi carnoso y huesudo cuerpecito
que entra en tu casa con placer
y a paso de duende perdido.

Haz que toque la lotería en Andalucía.
Que la derecha rompa a llorar,
abrace a la izquierda y la bese en un altar,
la mime despacito, lento...

Me balancea la gloria de otros cimientos.
Me construye el fluido cauce de tu flujo.
Eleva estos cuatro ojos agazapados
que se acurrucan bajo el verde de tus paredes.

Cueva mojá.
Arrugada y suave flora pura.

Impenetrable canto que no cesa.
Donde la piel me pesa
irradiando fuerza.
Vibro libre de ataduras.

Fuera de nuestro hogar la tormenta pone un tema
que causa emoción, furor, también crecida.
Apostamos horizontales por la vida.

Sapô, brujâ y culebrâ, mostrarnos la salida.
Milagros y dolores.
Si ya no hay miedo.

La humildad de no ser más que las piedras,
la paz de saber que no somos nadie.
Y que apriete el cielo contra el tejado
que nos protege y nos da calambre.

Hoy me he encontrado con alguien que no conocía,
que lleva conmigo toda la vida.
Le saludo y le digo ven, que te llevo a la cueva
a volvernos de nuevo hiedra,
como pasaba en otro siglo,
en las cavernas.
Santa senda loca, que me hizo llorar.

PASTA CON AJO

Me muero de sueño.
Porque he dormido mucho.
Ahora a las tres cargo mueblê.
A menos cuarto salimos de aquí.
Ahora me muero de sueño.
Se han ido toâ a trabajar a la viña.
Unas semanas revoltosas de dolores musculares
y picaduras mal pagadas…
Un mes horripilante de aprendizaje
vale más que dos másteres.
Pero qué sueño.
Los narcolépticos tienen la excusa y recetas.
Los bebés tienen excusas y poca experiencia.
Las ancianas tienen excusas y mucha experiencia.
Yo sueño sin papeles y mucha pereza.
Cuando cargo algo en peso me siento una hormiga
que se mira al espejo y lucha por sus amigas.
Cuando cargo peso me siento una ostra
guardando su tesoro.
Necesito cafeína.
Este cachito de cemento se merece
un ramillete de mis pensamientos.
Es cada amuleto metáfora de la esperanza.
Es cada deseo metáfora de un cuartelillo
sin puerta pa podêh escaparse.
Es el correctôh del movîh la gracia
de los que se creen perfectos.
Ninguna.
Es pasta con ajo.

Algo fuerte que quita el hambre.
Como enterarte de que te engañan.
Como pensar en bitcoins.

Se han ido todas a recoger uvas
y van a pasar frío.
A veces hambre.
A veces se sentirán bien solas.
Pero es que llevan sus amuletos consigo.
Y cuando los toquen se van a acordar.
Se les repetirá la pasta con ajo.
Menos mal que hay cosas que no cambian nunca.
Me dijo la Plácida:
«Luna, pórtate bien con tus amigos.
Y ellos se portarán bien contigo.
Te lo digo».

ALLÉ, ALLÉ

Una mula vieja teje su fina vida
mirando entre los barrotes de su vecina.

Tengo el corazón ametrallao
sobre una bandeja con guarnición de comprensión
y de postre muchas sorpresas.

Una perra ciega camina tras la valla,
intenta de mirarme pero no puede ver nada.

Toda experiencia sirve pa algo,
le dice la piedra al río.

Si miro pa'bajo en el coche rodando
me mareo y sonrío.

Una ternera se alimenta de su ma en un prau
mientras clavo cucharas de metal gigantes en la tierra
pa alimentarme yo.

Queriendo ser cerezo milenario que nos cobija,
mientras hablamos de poesía y sus gotitas rojas
nos descienden por la tráquea hasta la barriga.

Bajo invernaderos plásticos os se cuecen bebés
de pimientos, cuyo crecimiento nos construye
y destruye al resto, cincuenta grados al sol,
estas pieles se deshidratan
y se olvidan de quienes son.

Tengo en un vaso con hielo el corazón,
derritiéndose a ritmo de petardo.

Y a un patrón blanco con gorrita
montado en un tractor dando vueltas
y más vueltas a mi alrededor
cual avispa a una frutilla
que se ha cascado al caer del árbol madre.

Picotazos mezclados con calambres y asco
por todo el ser vacío de amor
y lleno de números en la cuenta del banco.

Cubo de comida que Francia no quiere.

Es cubo de nutrientes base
de nuestros vientres al estupor de la leña
fuera de la cabaña en donde nuestros órganos
duermen.

Un rosal silvestre danza entre las hiedras
con cinco pétalos por flor.

Como antes de la guerra,
cuando no había mano que las reconstruyera,
las primeras rosas eran así.

Vamos al camino de perder decoración
para ganar sentido y brindarle al cuerpo respeto
y silencio entre tanto ruido.

Tengo el corazón entre las manos.
Y lo miro, parece cansado y abatido,
pero míralo tú,
está feliz de haberse ido
para volver a ser ranita en charco,
mariposa de color que jamás se ha visto.

TE QUIEDRO

Me desgrana como fruta madura tu dulzura celestial.
Me vuelvo el cachito de bîccoxo,
la mijilla,
que se te va
pal otro lao y te hase maravillâ.
La vida se acaba, mozito.
Yo quiero volar en bicicleta contigo
con los ojos doblaos
y hacer una batalla campal de mazapán…
Hasta que tenga que llamâh a urgencias
por sobredosis de nuestro empalagante
sirope de querernos y comernos.
Que nos hagan en el estómago un lavao.
Pero que jamás naidie nos quite lo bailao.
(Nunca se pudo).
Dêdde que yo te quiero, gordi,
me trepo los más altos arbustos
y estudio mis movidas, las historias de mi vida
más a gusto, pa comprenderme mejor
y hacerte siempre de cosquillitas el cogotillo
y que te llegue al corazón.

AMARANTO

Cordones desataos.
No hay reparo.
La vergüenza
es de parguelas…
Yo soy un faro
que señala con su luz en círculos alrededor.
Estoy presente en cada frente
en la que he dejado caer mi cariñosa hendidura.
Piñones en los piños,
calos de cariño, pestiños de oreja sorda.
El patrón nos vigila, nos persigue una llaga.
Campanillas.
Estamos acampadas en un estadio de *rugby*,
se escuchan los gritos de ira
galopando desde el campo a nuestras vidas.
Nada me pertenece,
le pertenezco a la nada.
Nada quiere conmigo.

Hoy me he despertado cagándome encima.
Me he apoyado en un árbol,
he atravesado el parque casi desnuda hasta el baño.

La deliciosa hilandera del humor
que son los acontecimientos,
el esplendor de dormir con los órganos contentos
y descansar la mirada de los pimientos.

Aquí vivimos.
En furgos, tiendas de campaña
y mansiones nocturnas con ruedas.
Madrugamos por un pellizco de esperanza y destreza.

Nos está creciendo fuerza dentro de las piernas.
Amaranto, puñalito en los ojos.
Piques asustando al miedo…

Nada teme mi mano cuando arranca frutos.

Amaranto, puñalito en los ojos.

MOVIDÂ DER CORASÓN 1

Me rueda un sugû por la boca,
cuando pienso en tu silueta.

He puesto el móvil en ahorro de batería
para escribirte esta serenata.

Gato que trepó corriendo
ahora no sabe bajar de la rama
y llora en el lecho de su descuido tremendo.

Ensoñación tumbada en la cama.

He dejado de escuchar a mis colegas
pa mandarte un wasap.
Y ahora me recorren hormigas la tripita
después de la lluvia.

Pajarito asalta y zezea por bulería
debajo de mi faldita plisá y yo lo miro.

El renacimiento se tenía que parecer mucho a esto,
seguro.

He fumigado la casa para poder escribir esto.

Maratón de series,
artefacto pa quel alma se tumbe y trague.

Cuando se me rompió el himen dolió,
pero cuando la regla bajó no sentí nada.

Cuando me di el primer beso húmedo
lo sentí frío y olía a suavizante.

Cuando llueve, pienso en tu luz
y se seca al sol la pradera de mis tristezas.

He dejado de mirar al suelo para escribir esto.

Ahora caminan mis neuras el arcoíris
de mi única fantasía:
quiero un bocadillo.

MOVIDÂ DER CORASÓN 2

Estoy en el Burrikin y te pienso.
Llego hasta aquí y me conformo solo con eso.
Con eso, me acuesto temprano, mañana laboro
y siembro pa mí y pa otros
empujando con los dientes y los huesos el verano.

Escucho a los vecinos llamando a su perra
y pasa la vida de mientras…

Tirando palos,
quemando ramas,
secando al sol.

Murciélagos por las ventanas dan las buenas tardes
con el pitillo en los labios apuntando
a la sombra de ese árbol.

Las lentejas se calientan.
La madera arde.
La luna está menguante.
Azucena se pone guantes.
Lirios blancos.
Y mi hermana ha pisado una rama y le duele
el caminar.
Con la boca la ha sacado.

Me conformo con saber que estás bien.
Leo en sueños.

Te escribo cartas con papel higiénico y me lamo
los párpados.
Ronca quien le cuesta respirar.
Me conformo con sentirte.
Y gasto mis floridas sienes en estar aquí
con el alma esparcida.

Y cuando ladran las bestias te agarro la mano
con los deditos mojaos de ahora.

Pestañas son campanillas, mandan wasap
a tu inconsciente pa que te cuente:
El resumen que trae la noche.
El bien amar y aceptarse libre.

CARTA A LOS REYES MAGOS

Yo de mayor quiero ser una vaca,
y tener cuatro estómagos, también cuatro patas.
Pa que me ensusie de tierra y de paja
y que no me importe una mierda el dolor
que vendrá mañana.

O mejor una oveja tupida y rizada,
que polinice con su pelamen a la Pachamama
embrujada por briznas de lluvia.
Pa poder mirar a mi alrededor aun quieta y perdida.
Pa que me dé de beber la lluvia en las pupilas
y saltar vallas más allá del cerco que me toca.
Que no pase más que tiempo si se me va la olla
y me vuelvo loca.
Aunque la muerte me espere tras el corral de al lado.

También podría ser cabra en un tejado
sorteando los conflictos del universo
entre pedruscos y prao.
Pa reírme de la gravedad
y afilar los cuernos en mi risa.

Querría ser de mariposas jauría
y sortear continentes para dibujar mi camino.
Colorear con mi cuerpo los momentos más tristes
de los días más tristes de los seres más buenos
y perdidos que me cruzaran en las curvas.

Mejor ave rapaz dibujando en el cielo círculos,
mirándome a mí misma sobre el verde césped.
Ronearle a las montañas y su perenne confort
para poder verme.

Si de mayor puedo optar a ser un petalito de flor,
lo prefiero.
Para ser disuelta en la manifestación silvestre
de mi alrededor yo lo quiero,
y gastaría mi tiempo entero en dormir
y mirar el sol pa llenarme por dentro.

Yo de mayor quiero ser todo esto.
Y progresivamente los empujones
que pega mi corazón a lo que vivo y todo el eso.

Me dan alas y patas mil ojos.
A la par ninguno.
Me guía por el destino un petirrojo
que salta sobre un alambre.
Quiero pensar que es el alma
de quienes me aman para yo amarlos.

Me guía el corazón el canario
que vivía en una jaulilla en mi patio.
Y dice que vuela más lejos y mejor
desde que se convirtió en corteza de árbol.

Sentir más que pensar es lo que hace esta rama
donde me he venido a tumbar
para cambiar las escamas.

Flecha dura no puede rasgar toda esta ternura.
Diente afilado no podrá morder
lo que jamás ha cazado.
Y cuando sea bicho no pensante
no querré contarlo.
Y los *carpe diem* serán mijillas de tierra
en medio del campo.

¡JA, JA, MIRA! ¡UN PAYAZO!

Trago techo y puedo ver al mar en él,
vienen a acariciarme sus olas
pero me lleno los ojos de arena.

El cuento comienza así:

Había un payazo en tu barrio
que te hacía siempre de reír.
Y cuando estaba solo en el baño
no sabías qué pensaba,
y cuando se callaba tampoco
sabías qué decir...

Miles de pies rebotan en el suelo
pisando el ritmo de mi corazón.
Pasión que galopa con esmero
sobre caballos robot a contrapelo
y cantan a su mamá por dentro.

Había un payazo
que siempre te hacía de sentir cosquillikas.

Está sentado hundiéndose en el césped
de esta *rave* en la otra orilla.
Con un sigarro apagado,
uña susia apuntando a mi techo.
Arañando con risas la caverna de su mente.

Tiene un globo arrugado en el bolsillo
y la nariz roja porque llueve.
Se tumba a mi lado y come cielo,
entre luces de neón y chasquidos de droga.

Dicen que sin él está todo perdido.
Dicen que extraña a su madre con locura,
porque en su cerebro se ha partido la ramita
que quema para hacerse él solito las curas...

Como en *La gran belleza* el techo es amor fresquito,
abrázome a un trozo de plástico que escupe fuego,
luego póngole parche de la generación perdida
sobre la encontrada...

Le doy lumbre al payazo, que vibra de emoción
imaginando que ha salido de mis bromas
la luz que lima su uña.

Y por el hilillo de mis bragas sucias asoma un dibujito
que hice con él de niño, un perro Pluto amarillo
que lleva collar, un perro Goofy aturdido
que fuma porros sin parar porque su gente
se ha tenido que mudar para no quedarse vacía
en el sofá, víctima de esta nerviosa
e irascible sociedad, y me cuenta...

Que hay un payazo que zabe andalûh arameo
y de brujería, que en la botellona
siempre llega el último, aplaude el primero
y aparece cada día...

Que hay un payazo que te contrae los músculos,
te hace vomitar y se tumba luego contigo
a tragar luceros.

Te roza la mano.
«No todo va a ser puto reírse,
no voy a estar bien todo el tiempo».

Un *smaili* está bien para quien su alma se ha caducado.
«Êtto êh un azunto zerio», dice...

Charmander contraproducente entra en urgencias
y sale herido, se llama la película.
No va a ser todo juntar la tripa en cera,
como en *La gran belleza*.

Payazo que hace de reír.
Tienê la manga llena mocos.
Y los zapatitos rotos.
Gargajos para freír.
Un par de ajos añadir.
Pues quiero comer contigo.
Porque no estás solo, amigo.
Como en *La gran belleza*,
deja caer esa tristeza.
Vergel que riega el camino
pa cuando ná te consuele.
Pues ná consuela y yo tentiendo.
¡Que sepas que estoy contigo!
Comiendo techo y llorando lágrimas graciosas.

Ahora mismo.

Hay un payazo en la ciudad
que a todes hace de reír, camino al espectáculo
un ser lloroso y triste está desconsolado...

Alguien le dice «vamos, te invito
al espectáculo más divertido que jamás has visto,
este payazo
hase risa a todo el que lo escucha y ve».
Contesta nuestro amigo triste:
«No sé a quién vas a ver, el payazo que hace risa
soy yo, ¿sabe usted?».

3KOFRIENDLY

He escuchado a tu vesinis de bloque
hablando de inmigración.

Y desde la keratina al corasón he llorado hormigón
y semento, porque tienen er serebro
hecho pisto por dentro.

Goteo.
Te lo cuento, me enfado y goteo.

Por la sangre de mis bragas se derraman
hilô finô de justicia roja pa tó
los que se arrimen a la lumbre.

Pa los que no escuchan ni sienten si no vibra
y es de plástico o viene envasao al vacío.

Por el pantalón se me calan amapolâ de pétalô sensible.

Pa darle un achuchón a la Pachamama
y robarle el opio a la peña de tu pueblo.

Donde Amor Propio se ha dado un golpe en el codo
y le chorrea la carita agüita santa.

Donde hay una estampita de Virgen
y muñequito de huevo Kindêh
de cuando Paquito el del culo blanco
se puso el suyo de madera.

En este hogar se recicla pa cuando no haya,
¿te enteras?

Y a los maxîttô cabríô de patilla ancha
y cabesita estrecha los hacemos compost.

Que de la mierda brota la primavera.

En esta casa a lô fachâ nos los comemos.

Hacemos chicharrones y potaje sien por sien ecológico
pa la familia, lâ croquetâ de puxerito fascistas
nos quedan de rechupete.

En esta época raruna
donde ya no se puen freír papas en aceite de girasol
porque sale a una fortuna y el contenedor vacío
y la nevera haciendo eco dan mucha pena.

Hay que matar al hambre, no al tiempo.

Hay que saberse libre con la otredad
y responsable emocional.

Por eso cae al suelo un charquillo de vida
que suspira por un columpio.
En el que quepa tol mundo (porque se cabe).
En el que el miedo sea un animal mitológico.

Que la tele explote.

Que el mundo aflore y crezca a su ritmo,
comiendo *fingers* de privilegiados
que se pillaron los deicos con la puerta de su fortuna.
Y manchando el pijama de sangre.
Sintiéndonos vivas.
Cada día.

INTERLUDIO TRISTE ESPERANZADO POR NARICES

Tengo que cambiar la bajona por fuerza
y me da tó la pereza del mundo.
Ahora mismo
hay un terremoto desde hace una semana
que no para de temblar.
Manipula mi organismo.
Hay un dedo presionando mi nariz.
Hace sangre.
Y no se apiada de mí.

DIME UN MANTRA, LOKA

Mi corazón iracundo y enfadado
rebosa por sus lados
y está dejando la tapicería del coche de alquiler
hecha una mierda.
Insomnio producto de ferocidad es.
Un dolor de muelas punzante taladra mi rostro
hasta la oreja.
Imaginaré que mi cara es una nube
y hoy granizame por dentro.
Caniha,
las letras de los iconos pop de mi tiempo
las escribieron cuarentones ricos que algún siglo atrás
fueron rechazados en el cole.

Y yo tarareo mientras la radio llora...
Dime un mantra, loka.
Sa cabao el colacao, er tabaco, el trabajo y la farlopa.
Er café también.

Dime otro.
Llevo la Paz por dentro, lo noto.
Los huesos cargaos.
Llevo el amor de por dentro, me pica.
Mi primer recuerdo es un beso
en una calle chica de piedra y cemento.
El dolor es inevitable, el resto cuento.
Llevo la paloma blanca de la pâh en foliô de cuadritô
que hiciste en preescolar tatuá en el pecho.

Una frase guía:
Soy amor pero hoy no me toques que te amo.
Soy perdón pero no olvido
toâ las mierdas del mundo, ¿estamos?
Soy corazón pero me molesta el ruido
si no es sincero latío.
Soy un rezo tapado hasta el pecho.
Pa los momentos de tensión
baba de caracol.
Atasco en la cola del Lidl a las 2.

Pero dime algo real:
Llevas un babi manchado de papilla
como bandera todavía.
Y un escalón bajo el culo de silla.
Palabras en la cartera.
En verdá
estoy muy nerviosa, killa,
porque el segundo café me activa el Espidifen
y la bilirrubina y casi nunca acabo bien.

Por favor, cántame una nana.
Aplícala en mi corasón como
lluvia tejiendo sinfonías sobre pana.
Eres un cajón de cables enredaos
que sa quedao atascado y necesita un besito.
Eres sueñecito de media tarde.
Un audio con voz de pito.
Mareo perdío en la feria del pueblo.
Eres un cabreo entre las cabras
brincando a contrapelo sobre el techito.

Eres un grito al aire calentito al oído.
Fruto madurando…

Soy entropía.
Soy fantasía.
Soy rebeldía perdida.
Soy salvaje.
Y estoy aprendiendo…
Del amor que tengo puesto.
De la paz que reboso.
De las palabras que curan
como picadillo con caldo de puchero bajo la nieve.
El mantra es el sonido que hace tu mente
cuando llueve.
Y también nerviosa,
con dolor en la frente,
está la calma.

MANUEL

Cruzando el asfalto,
cual abejas de *weekend* pasean
por una rotonda de periferia...
pescando perlas y tesoros
un padre y su hija.

Las grullas migran a tierras cálidas
pa darles a sus pollitos una infancia digna,
y que no tengan que ir en chaquetón tol día
al cole de lô pajaretê, ¿sabes o no?

Cuando simplemente nadie me ve
como a Alejandro Sanz busco la máxima temperatura
aunque queme la luz del astro rey.

Pa refrescar la carita luego…
Y tener las manos calientes y el corazón contento.
Porque aunque seamos generación sumergida
en individuo por dolores y pupitas sin curar
aún queda tiempo y un par de Chester,
abrazos al gas del mechero.
Y un regimiento de gritos nadando los cielos
en burbujas de aire por esquivar al frío un año más...

En medio de la rotonda:
Cachitos de azulejo pa montar la casa de su futuro.
Jaramagos y romero entre un concierto
jamás antes oído de máquinas
(como la que tiene la mama) girando a su alrededor.

Camino de algún lugar caliente
abanico de pollitos girando alrededor del sol
como satélites.

«TÚ TIENES CARA DE SER FELIZ»

Cerillita tiene la cabezota mojá y ya no prende.

Las polillas arden mientras coso los telares
de este desastre de hielo.
Pue parece que estoy triste,
pue parece que estoy presa,
pero vivo en equilibrio y me peo cuando quiero,
cuando la bolsa del alma me pesa.

«Si te quedas sola el mundo vendrá,
las criaturas que surcan la calle se encontrarán
contigo...».
En el suelo estará el momento justo
y si naidie lo ha pizao lo podrás pillar
con las manos abiertas.

Si te quedas aquí, en este escalón...
Mira, el sol se acerca.
No mires, que directamente
hace dibujitos en tu mente derretina
para siempre,
cicatrices pa que digas:
¿¡Te acuerdas de ese escalón!?

Mira, te piden tabaco.
Este señor te êttá pidiendo cosâ.
Escúchale, dice amor con los ojos.
No quería tabaco.
Está mu cerca...

Cuando estés sola.
(No te preocupes, nunca estás sola).
Caminando actuarás activamente rozándote con ese río.
Caminando verás que no controlas nada
que no sea tu fuero interno…
Camina, hostia, y reza, espera sola al múltiple
haz de tientos sensibles que la tierra te ofrece.

¿Ves? Esos gorriones son pequeños,
se mecen las plumillas en un charco pa refrescarse.

Son jovencitos.
Por eso saltan, como tú.
Y vuelan poquito.
Ya volarán…

Cuando estés confusa:

Mírate las manos.
(Tienes dos, por suerte).

Dales un beso.
Debajo de ellas estás tú.

Quién sabe lo que eres.
(Nadie lo sabe).

Todo es confuso.
Y está en el lugar apropiado.
Y eso puede ayudarte…

Cerilla se ha secado al lorenzo
y se frota fuerte contra el suelo.

Como reviviendo una tostadora que un día se comió.

Puede paresêh que soy feliz por la cara que tengo.
Y en realidad lo soy.

FABRIKAKA:
la peli de tu vida

En un ángulo ciego del pecho
se ha escondido un orangután en celo
que solo piensa en ver el mar,
y cabalgar conmigo el cielo
y yo con él navegar,
para asustar al miedo.

Arrabal enfurecido de dedos hilando ruidos
y anécdotas de su trena existencial,
con un mechero y una piedrita liá sobre el cenicero…

Verde muerde los pelos de mis cejas mientras meo,
hierro candente en las orejas.

Se avecina algo nuevo.
Me ha ladrado un perro.
Me ha llamado la aventura

O, bueno,
acaba de aparecerse
ante la puerta de mi choza enladrillada,
brincando como estas ganas de salir de mis prisiones,
un pájaro azul y negro que avisa cambios y lluvia,
se ríe de la penuria,
caga libre sobre la rama.

Mientras la península arde y nadie puede
de hacer nada vamos a reciclar pal mañana.

A remojar la sequía.
Abundancia, galimatías.
Enredaréis,
de mi cuarta paré.

Horizonte romero en el monte.
Manita que roza mi cara.
Empieza el *film* de las almohadas.
Manotazos del desorden.

Confundiste una mosca parada en la mesa
con una china de polen alada.

Fecundación traviesa del pelo de mis patillas.
Siento que están creciendo las hierbas santas
en la orilla de *fiume* que rodea nuestra casa.

La inocencia y la prepotencia se arañan
la carita de maravilla.
Cada vez que una de las dos tiene cosquillas,
sabe que empieza lo bueno.

Tengo que contarte, Macareno.
Tiene la voz rasgá, me suelta el corazón
cuando termina de hablar,
que cuando empieza es terciopelo acrílico esmeralda
sacado de cualquier lado.

Huele a flores.
Verde se ha parado en mi lomo recostado.
Me habla de piedra y viento.

Que pasan el día discutiendo y al final se hacen tierra.
La cama me habla de corridas de toros,
de la guerra, de besos, brazos rozándose
y piernas cruzando los dedos.

Ha escrito en la pared:

Vino, pulsión y zezeo.
Pa rugir como las leonas.
Que quieren comer.
No que las coman.
Que hacen el amor.
No casar trofeos.

El océano que aún no he visto
me manda su canturreo.
Beben los peces en el río.

La Virgen se lava el pelo.
Y también se lava las bragas.
Se remoja las llagas.

El océano que conozco
escribe cartas de odio.

Pa que le busque novio.
Pa que pague lo que le debo.

Arañita de la esquina que se cae al suelo,
tu casa sigue en el rincón.

Tengo que contarte esperanzada…

La chusta sin sus labios no sirve de nada,
vaga firme y enamorada la percepción del ahora.

Que entre un puente con ortigas y zarza
abre un tetrabrik de melocotón
a temperatura ambiente.
Y llora de la risa.
Yo me río también.

AMARILLO
Son las 03:00 de la mañana

Inundo de humo el porvenir que flota sobre la cama.
El humo espanta a los mosquitos.
Tengo una manía extraña.
Que cuando se caen cosas en mi casa me imagino
que algo le pasa a quien me regaló dicha cosa.

La rallada me la pegaron
el apego y san Cortázar,
que bendijo el color amarillo
y ahora suena a enamorarse…

Si se rompe cualquier objeto preciado
se me acelera el pulso.
Digo un nombre propio en alto de la cama,
alguien a quien amo tanto que guardo
en cuatro altares juntos.
Vienen siete pensamientos a la vez.

Quisiera no empatizar
con las hombreras pero empatizo.
(Porque son horteras pero alguien algún día las quiso).

Dijo la oculista que tengo los ojos secos.
(Y ni sabe lo que lloro si me acuerdo de Manuel).
Decía que el microondas era malo,
como usar el aceite de freír dos veces.

Y el palo de lluvia que me regaló aquel gran amigo
se rompió.
(Me quedé sin amigo).

Cerebro sensible.
Sigue buscando.
Rasca y gana.
Pero es imposible que yo tenga razón.
Pero razones tengo de pensar que mi realidad
la creo yo y quienes me aprendieron a enseñar.
Cuando pienso en todas vosotras
voy rincón por rincón…
arrancando el polvo y la cal
que se separa de mi casa
y se monta en vuestros tesoros.

Tiene gracia,
que de testigo tengo un mosquito tigre
que busca dónde picarme
mientras están los cuadernos llenos de miel.
Me escondo bajo las mantas…
y recreo un submarino
donde no puede chuparme la sangre.

Y de repente
ser pariente mío.
(Yo no puedo matarle).
Eso lo decía alguien.
Alguien colorido.
Con sus movidas…
Con sus movidas.

Como las tengo yo.
Como las tienen
los mosquitos
que inundan mi campamento.

HUEVOS A LA POXÉ

Cuando me se emborrona la línea
que hice con un palo sobre el albero.
Círculo (cordillera de las profecías que vendrían).
La zona de confort queda con la crueldad…
Pa ponerme verde y a parir.
Así empiezo a enterarme bien de que…

Uno:
Más allá de la pena
hay más que vida.

Dos:
Todas las imágenes cerradas cuentan una historia.

* Dentro del tren.
Las vértebras de esta serpiente de metal y petróleo
más frío que un mal adiós se estrujan
contra la realidad de un bebé en carrito.

Un marco pa tó la vida que solo dura dos paradas
y abraza entre sus ángulos a una niña que llora
y hace de directora de la fiesta demoledora
que es la vida de la urbe.

Miro por el cristal,
al otro lado lo que quiero ser…
Una jungla salvaje.

Y aquí,
aquí solo hay mala organización que te cagas,
puñalaítas neón,
muerte por indigestión.

LUNA LLENA

Esta noche es la luna llena más grande del año.
Me pasa una apisonadora por lo arto en Barakaldo.
No puedo atender todo lo que siento, caballero.
Estoy fumando.
Llorando silencio entre este decorado gris y verde,
dígame quién atiende tanto dolor
en medio de la tormenta.
Puede sêh.
No sé.
¿Sabes?
Si la luna no estuviera ahí
habría que ver la marea quién la mueve.
Disculpe.
Déjeme que lo dude.
Usted no.
Palomas en una rotonda echan la siesta
también aquí arriba.
Hasta los polígonos son hermosos si me hacen olvidar
lo que está pasando ahora.
El desarraigo no se afila en mí las uñas si miro
las montañas curvas.

Me siento menos sola cuando miro el monte,
puedo entender de lo que estoy compuesta.
Me se quita el miedo.
Hay un terremoto desde que brotó el satélite
que no cesa.
Al principio daba susto.
Ahora da pereza.

La patata me va a petar como maíz se hace palomitas,
como el aceite hirviendo que salpica firme
sobre la piel inocentona.
Las noticias desde casa sobrepasan
la membrana de mis temores…
Y lo que simplemente eran temblores,
se vuelve un volcán activo
que no quiere tu opinión.
Simplemente está vivo
y busca solución,
volviéndolo todo ceniza.

Hoy es la mayor luna llena
que podrán ver estos ojos.
Los caminos hasta aquí son
inamovibles,
turbulentos
y desesperadamente innecesarios para mis nervios...
Pero brilla la diosa clara sobre esta fábrica hogar
en la que descanso.
Y sé que todo lo que está pasando
es hermoso y buen augurio,
tiene que serlo.

LA PEOR DE LAS MUERTES ES CALLARSE LA BOCA

Un Ford rojo pasa en verde.
El color del sielo es casi un *matte painting*.
Una ilusión.
Un Partenón vacío
al lado de esa esquina
llena de injusticia y desastre.
Nada
tiene que envidiar
a lo divino.
Que ha faltado
un mundo encantado que llevarnos a la boca.
La voz rasgá al desayunâh
de la gente que reconosí.
Parte de mí en la puerta der antro.
Un ratico solo.
Y aquí sigue todavía.
Bebiendo agüita conmigo en el escalón
pa superar la bajona.
Se abre firme el portón
que airea mi corazón.
Sube las persianicas
y eso es enamorarse.
Me ha agarrao los brazos
una señora.
Dosis alta de retazos de amor.
Labios de zarzamora y gafas de sol.

Que dise que ella también llora
cuando se acuerda del primer beso en la boca
que dio.
El sielo no puede ni de tocar sus manos
ella le dise a los malos.
Píquenme zi zatreven,
mosquitos cerdos de alberca,
que os dejo la puerta abierta
y me pego al fresco
que rezuman
las paredes de los cármenes.
El olor de los geranios.
Claveles en la frente.
Abejas que tejen mieles en los muros de las cárceles.
Se abren los portones de las tiendas.
Aire inquieto y alborotado.
Me ha dicho un chicharrón
en un claro callejón
que lo que tengo yo es un don,
Don Simón del Carrefour...
Pero que la poesía da hambre.
Pero, caballero, lo que yo tengo es la boca mu grande.
Y el sentimiento de clavo ardiendo judeocrîttiano
jodiéndome entre flores y cruses.

GUARRERÍAS

Susio lo otro.
Porvo mesclao con horas de cariño y papelitô rotô.
Susio, por eso nos gusta tanto.
Compota de olores, hormonas en crema
formato amores de instituto.
Sudor.
Antigua sudada.
Manchas celositas berrean bajo la cama
y en la sábana bajera del chino.
Cenicero inestable se cae al vacío.
Susio a cucharadas soperas.
Croquetas de besos invertidos.
Divertidos.
Guarradas incapturables de la otra esfera
que son velas perfumadas en la bañera
con caldo antiguo revolcado en paxuli y aloe vera.
Mordiscos y arañazos.
Entre texturas y pestazos elijo el
que crece bajo tu nuca y tu hucha…
Si puedo sobre los brazos.
Hay un charco mágico cubriendo tu altar
junto a la zapatilla de casa,
las de corrêh por el barrio y las de trabajâh.
Susias mis cosas del cajón cuando te miro a ti
y no solo lo que meto dentro.
Seguro que de suerte me encuentro el perdigón
que me atraviesa fuertemente la cabesa cuando te huelo.

Digo:
Es usted el torbellino que penetra
si se encienden en la callejuela las farolas,
y me pilla en casa a solas
y se cuela por mi puerta.
Susia y viva está tu estrella.
Manda cartas del recreo.
Manda dardos entintaos
y petardos que me cantan
la Macarena.
Y se pasan a saludar por mi mente a la pena
hasiendo agujeritô como de chincheta
en er gotelé recién puesto desta frente,
destas ideas.

Ñoños recuerdos de uñas marrones
señalando la violencia con la que los aviones
hacen su desfile sobre la tierra
soberanos.

Dejando manchaíto el cielo de blanco fugaz.
Como ese blanco rancio con el que alguna vez
has firmado en tu sofá, algo susio.

¿TE SUENA?

«Mari, si saludo a tôh los perros de la calle
cómo quierê que no llegue a casa tarde».

Antena 3 retransmite un romance a las 4 y media.
Ella lo quiere a él,
él la camela a ella.

Para que soñemos la locura
y barbarie dominante del formal apego,
dentro de bloques de ladrillo, y romper piedra
con las ganas…nada me consuela, Jose, ya está bien.

Se me enfría la sopa de picadillo.
Tu hijo pregunta, y no sé ya qué desîh:
«Er papá está de misión espesial, cariño».

Se me arruga la braga faja con el sofá.
Porque te escucho de llegar y es mi cabeza.
Me he inventado un castillo donde tú
no puedes entrâh pa así poder de descansar
y no verte entrar por el salón todos los días.
Ya revivo más que vivo,
esperándote a ti, el wasap de la virhen
que nunca llega.

He frito croquetâ y encendido una vela
pa darle el ambiente de amor pasional e intermitente
que se fue a por tabaco con nuestra frescura y lecho.

Te tengo en un altar cual Macarena
regalo del dominical con hierbabuena
y te pongo regalitos que me encuentro por el suelo
pa que te vaya mejor que mal, donde sea que estés,
yo sé que estás...

Estarás haciendo tus cosas, como siempre,
liao por ahí.
Disen en el bar que te han visto.
(Pero yo no quiero de preguntâh
por si apareces algún día).

Tengo miedo
de no encontrar ná ahí otra vêh, niño…
Si no hay agua la piscina duele, Joselito.
Y todavía tengo cardenales.

Si te digo que te extraño me araño la cara por dentro,
¡qué corahe!
Mala sea la vereda que te llevó a êttâh tan lejos.
Pero, Jose, guardo tus amuletos,
los beso.

Te siento en la cama ausente y te abrazo.
Muy lento...
Pero el cojín no ronca como tú sabes.
Ni besa como tú.
Ni huele a tus sudores…

Mejor si vuelves tráete un buen pan bajo el brazo.

Podemos darles juntos de comer a los pajaritos
a los que de ti les hablo toâ las mañanas.
Y si estás en la cárcel por lo que sea come bien,
y no te juntê con mala gente.
No te metas en líííο…
Que sepas,
tú siempre tuviste tû cosâ...
Aquí y en el cuarto del niño.

Cuando quieras pasa por casa,
y si puedes te las llevas.
Con amor.
Mil besos, Joselito.

COMPAÑERO

La primera noticia que me dieron
fue que opositaba pa nacional.
Y que su madre, en su cuarto, abatida en llanto,
ordenaba camisetas de futbol
sobre la cama en la que unos años atrás…
le contaba cuentos y le cantaba nanas de revolución.

La segunda nueva fueron figuritas limpias de polvo
que hizo a mano el abuelo,
y un remanso de leche dulce y galletas María
que obligaba al tiempo a detenerse.
Y a mirar al suelo mientras el niño sonreía.
Chari acerca la nariz al armario empotrado,
su hijo saca la porra en los entrenamientos
cuando está asustado.

Chari escucha la radio en la cocina antes del paseo.
Habla la sintonía de desalojos y dolor.
Muebles en la calle Suicidios.
Niños rotos.
Su hijo
golpea con abrasador rencor pájaros rojos
en la manifestación, y cuando es atrapado
por la rebelión del maltrato asul marino grita:
«Soy compañero», apaleado...
Y los que le hacían crujir los huesos y sangrar
segundos atrás le dan la mano.
Y luego un abrazo.

Mientras nuestro confuso guerrero
agarra con la cremallera su escroto
tras saludar en la comisaría a Manolo.
(Awita amarilla).
La que él llama su mamá,
pero nunca le devuelve la llamada.
Mancha con awita salada
un álbum de fotos,
con la portada arrugada
y acolchada de amor.

MOSCAS

Somos larvas en fruta
esperando la llegada de la eclosión
para salir de esta manzana rebozada en cera.

Un globo de Peppa Pig
se le ha escapao de la mano a una criatura.
Lleva un par de días sin rumbo
con la elegancia de un cisne dormido.

El centro radiante de un cuarzo bruto en el monte.
El relleno del bubbaloo con olor a estanco.
Gitanillas enrreás y encarcelás viviendo la jubilación
que jamás tendremos en las ventanas
que dan par patio.
Hay algo adictivo en lo que ensucia la apariencia,
que llámelo caos o la primera rueda.
El saber que el fuego existe.
Que no está todo inventado.
Hay algo en las manchas, las sicatrises
y el metal oxidao que si les presentas a lo limpio,
a un resién nasío o a un tostadôh
resién comprao estalla la guerra.
Que sí, que sí.
Que lo he visto yo.
Son mu interesantê, míralos, los bichicos.
Tan xiquiticô.
Tan complejô.
Tan nosotrô.

Ahí, en cualquier zona zumbando,
escalando, flotando, cazando,
cargando una cáscara de pipa cual Cristo
con sus potencias sufre la crûh.
Que nuestra gesticulación y actitud
se ve refleja en ellos.
Tan en ningún sitio, inventando para lo básico.
Creciendo.

HELLVILLA

En mi barrio no hay fuentes
pa que beba la gente.
Por eso está tol mundo enfadao.
Porque en la tele nos subtitulan
y tenemô el serebro deshidratao.
Hay un niño xiquito tocando la flauta durse
desde un balcón, está estudiando
porque de mayôh quiere sêh afiladôh.
Tiene ar barrio poseío entre corahe y dulsura,
lleva 2 horas soplando,
y mi corasón supura.
(Ojalá se caiga el bloque y me pille opositando).

TÓ ES PERFECTO

Están follando a pelo salvajemente
dentro del coche nuevesito a 120.
El olor a chusta con el olor
a ambientador, edulcorante y detergente.
One more time demente.
I wanna selebreit
mientras ángeles fluorescentes arreglan la autovía,
(venitas grises de alquitrán caliente).

Nacieron tristes
cual farmacia de guardia.
Artistas pop juguetes del olvido.
Trapero tartamudo sobre sinteh.
Si solo escucha agudos se pone triste.

Se aproximan las cordilleras de olivos
que estudiaste en primaria.
Y la plenitud extraordinaria del cielo asulao.
Pero tó esto da igual.
Porque estoy intoxicándome
con el ambientador de papá Auchan.
And everything is yellow.
Mal di auto.
Se me quita la fatiga
si me imagino un caramelo.
Tum pa tum tum pa.
Plastiquete jondo.
El metrónomo de la radio del blablacâh
se pone cachondo.

Mira las urbanisasiones que se ven al fondo.
Lubrica.
Marcan el compás a tiempo
en medio de la abstracción del valle
las paradas pa camiones.

ESTO LO HE ESCRITO ESTA TARDE

A la calle le gusta decir que de noche sales a buscarla
y que te tropiezas con el miedo de su fauna
y que bombardeas con tus ojos sus adoquines
y que secas sus ríos de ebriedad.

«Es la hora de la servesita, ¿quién quiere un litro?».

A la calle le gusta decir que de noche sales a buscarla,
que te acurrucas sobre ella con tus columnas
inferiores acompañado de tu dulce bestia
simpática-empática-cerebro-luciérnaga
que responde a todas las preguntas que no haces.

A la calle le gusta contarme que de noche
te conocí por ella, por vuestra atracción indomable.

La noche me empuja a un banco
empapado de alcohol y cubierto de luces azules.

No sabe la noche lo que ha hecho, no lo sabe.

AMANCIO, ESTA NO ES TUYA

Qué tendrá que ver
el mar con el reguetón.
Me sirve de compasión
que ná es mejor que tu cara.
Y de fondo radio Chocolate.
Me consuela también saber
que todos los bloques y casas de lujo de costa
de la tierra volverán a ser casas de peces
y que las salvajes reses seguirán cagando en el campo.
Tengo fantasías con que todo el sector servicios
de la tierra se come a sus patrones.
Y las fantasías me sueñan rescatando
tesoros robados en museos dorados,
vaciándolos por completo y mandándolos a sus casas.
Pidiendo perdón.
Se me cae un hilo de baba
con el que tejo mi jersey de magia,
y es que entre toda esta vaina
si quiero soy una gaviota partiéndome de risa.
No una humana vestida del rastrillo
con cero en el bolsillo y la conciencia atrapada
en una cabecita con orejas de soplillo.
En ciudad de vacaciones el ácido te duerme la cara
pa que pase lento el tiempo
y nunca pase nada.
Los domingos se vacían las casas de los abuelos
y se esparcen por la tierra por un euro y parla afilada.

MI PRIMER RECUERDO

El autocorrector del móvil
se me parece al mal amor.

Lo que quieres tú y la verdad son realidades
primas lejanas que se cruzan por la calle
y no se saludan porque no les da la gana.

No doy crédito, me sensura el corazón
mientras escribo esto.
Esta luna llena no se la tragan ni las nubes, válgame.
Porque si se la zampan les da a los cumulonimbos
un jari doloroso,
que no van a sabêh ni a dónde san metido.

Tanta transparencia sin sol no está pensada.
Tienen el sueño cambiao como mis trenzas
los panarras en verano y los búhos todo el año,
en un árbol descansan.

No, en verdad lo primero que me viene a la cabeza
son cristales medio bajaos y airesito fresco
peinándome el pelito.

Mi primer recuerdo es de noche,
en el Ford Fiesta blanco de mi madre…
que tenía los ojos azules.

Mi primer recuerdo es oscuro
y lo iluminan las farolas de un pueblo codificado…

Y se oyen las voces de mis abuelos
y progenitores que discuten.

Mi primer recuerdo decía un cuento
que era un beso de amor.
Que de ahí vine yo, de ahí viene la noche
y las luces de freno de aquellos ojos azules.

CREO QUE ERA EN CANTABRIA.
PERCALES

Voy y me cruzo con tu ojo derecho
y el perfil de tu careto.
Sobrevuélalo tú, ceja que arquea
detrás la oreja.
Un niño ha pisao una papa frita
y ha trîccao entre llantinas.
Pedimos un minuto de mordiscos
por ese momento que se pierde como cigarros liaos.
Tímidamente tu boca se acerca a un cigarro prendido.
Se me mojan la barbilla y las bragas.
El público aplaude y sale a anunciar colonia.
Sigo dentro, en la burbuja.
¿Y qué te cuento? Cago bien.
Desayuno y llego al curro.
Bueno, llegaba, ya no quedan uvas que coger.
Escucho muñeirâ tirá en el colchón del Decâl-lon.
Viajo sobre la tormenta de un mundo ideal.
Como bien también, me nutro,
me he vuelto una mijita más zen y ya no discuto.
Me siento en un escalón de fuera del garito
que huele a requesón mesclao con Doritos
y me fumo un trompetón mirando al infinito.
Que local se dice el campo.
Porque sobre el césped nadie parece malo.
Ni siquiera tu jefe.
Qué te cuento, la materia vegetal
que abraza la carretera me hidrata el cerebro por
dentro.

Y al anochecer todas las estrellas
preguntan por el cigarro que ilumina tu cara.
Y la luna me ayuda a que me crezcan las garras
pa salir trotando a tierras de abrazo y pan nuevo.
Llamemos al mar vida,
a la arena libertad.
Y al humo que entra en mí carencias mal pagadas.
Mi buyate se planta sobre la libertad,
mira a la vida y sus violentas olas.
La gravedad me hace sentir la verdadera vibra pura.
Aire fresquito.
Qué te cuento, estoy deseando volver
pa contarte a qué huelen los prados
donde he puesto mi cabeza y mi voz
a correr gritando amor sobre tus manos
pa que crezcan uvas otra vez.
Y volver a levantar la voz descarada
creando nubes de amor para tu pecho.

TODO MAL

Ando diciendo,
como si no me conociera me escucho,
mientras una *crew* de hormigas
cazan cáscaras de pipa...

Y la duda se bebe una y otra taza
de mi esperanza templaíta...

Qué piensa el hipo del tartamudo
cuando termina una frase.

O si la ropa sucia del armario recién arreglado
planea una lucha de clases.

Cómo perciben el tiempo
y el hogar un cangrejo ermitaño,
o cualquier microscópico elemento extraño
sin boca ni ojos que me siente como si fuera el cielo.

¿Son felices de verdad los funcionarios?
¿O se sienten como azulejos milenarios
que jamás se quebrarán ni nadie les podrá hacer mal?

Estamos en el mejor momento para estar vivas,
luego no hay quien diga.

Los botijos tienen sed pues nadie les besa la barriga,
la araña no sabe hacer mal su tela y nosotras
no sabemos cuánto tenemos dentro todavía.

Quiero manchar lo que está en blanco
porque respeto su naturaleza de cambiar para mejor
y la suciedad es la más honesta de las fuerzas,
no siente daño ni temor, todo lo acepta.

Quiero llamar a las abejas pa que vayan sembrando
y me cuenten qué tal las flores...

También pedirte que vuelvas,
porque andan diciendo las piedras
que me extrañas con locura,
y arañas la puerta dura
que te trae hasta mi recuerdo.
Que no encuentras la calle
que llevaba a nuestro bloque.
Que ahora vive otra gente,
gente que no te conoce.

Anda diciendo la hierba que le hablo de tus ojos,
que la miro como a ti, que así no sé mirar a otros.
Que se la doy a las vacas pa que te digieran ellas.
Que escribo porque no me hablas
y acaricio sola tus huellas.

Anda diciendo la plaza que allí ya no vamos nunca.
Que hemos sido felices y eso nos hace mucha pupa.
Sentarnos solos allí y hacer que no pasa nada.
Y saludamos a la iglesia, a los buses y palomas.

Anda diciendo mi alma que son rachas
de no creer en nada,

creer en todo,
crecer en bragas,
perder la gracia.

Cuando nos reímos el campanario musita
que quiere ser flor de loto o ramita,
no metal pesado que grita.

Cuando nos reímos no hase falta asúcâ,
y si tu piel chorrea almíbar
pues allá me quedo pegada.

Cuando sonreímos algún taxista grita,
algún *heiter* se pica.
Pero no pasa nada.

Dicen las piedras demasiado.
Y el césped.
Mejor no hacerles caso.

Mi merced pide descanso
y nadie sabe como tú
de lo que piensan mis ojos.
Así duermo tranquila.
Y te sueño paz.
Joder, te sueño y vienes.
Y nos enamoramos.

Como la sed de una cocacola.
Como un congelador del hambre.
Hacemos la pareja perfecta hasta la próxima crisis.

PUTA JIPI

Recito oraciones para el templo de mi alma
antes de caer rendida.

Pongo cuencos tibetanos con el blutuh.

Se apagan y se encienden las farolas...
Leo para mí un mantra melódico.
Respirar oxida.

Respirando curo mis males.
Aprendo de los errores.
Y se vuelven soluciones pal mañana.
Cuando me centro en el aire que inspiro y exhalo,
mi interior se vuelve rosado y dorados brillos
salen de mis fosas nasales.
Soy un leopardo durmiendo en el sofá
que extraña a su mamá y se vuelve de fuego.
Llantina,
alquimia del crecimiento.

Cualquier canción del verano huele a arena y sal.

Estiro los músculos de las orejas
hasta el péndulo de la garganta.
Se decanta por Camela
y quejido de coral bordado a mano del mar.
Si construyo una realidad mojada
como la estela de un avión

las gaviotas se asoman por la ventana
y con asombro me duermen.
Esta noche es joven.
Mis pulmones están haciendo la EGB aún.
Están entendiendo lo que son y pa qué sirven.
Abrazan al corazón y el corazón suelta las manos
y se abre libre.
El mantra que me recito me mantiene
con espesura y claridad tumbada,
flotando entre la banalidad de mis andamios
y la realeza de mis cimientos ladrillo y cemento.
Me vuelvo cuarzo rosado.
Las manos de María sujetando el plato.
Y duermo feliz y triste.
En equilibrio con el leopardo
que descansa sobre mí ahora.

NATURA CRUEL

La aurora de mediatarde se pasa a saludâh
a una babosa gigante que merienda setas
con olor nauseabundo a la orilla del camino.
Y en el tiempo en que esa babosa
pasta y mastica como si fuera una vaca
de esa seta apestosa y recién nacida
pasa la vida
y caen hojas,
las mariposas nadan por el aire y se chocan.
Cuando bailan no sabes si tontean
por su contoneo de aleteo incuestionable
o se quieren de pegar.
Las mariposas que veo cada día son las mismas,
que eligen un lugar donde vivir y bien lo cuidan.
Son de costumbres aunque chupeteen flores
y más flores.
Se saben su casa y la de las demás de su zona.
La vida te abraza cuando se encuentran
los animales que se parecen a ti,
que son todos.

Las cosas que parecían absurdas cobran la magia
que debías pagarles con tu ser libertario.

Entender que tenemos el mismo derecho
que las libélulas o los caracoles
de habitar estas casas de madera.

Es la verdad que contiene la merienda de las babosas
y la que custodia el castillo de los insectos,
vuelen, naden o se arrastren.
Que nadie le diga a la oruga
por dónde no puede pasar.
Ni al ciempiés los pies que le duelen.
Ni a las lagartijas para dónde trepar.
Que el barrio es mu chungo
y al final tó se sabe.
Que llaman a la Nacional las mariposas
si los pájaros salen a predarles.

En este bosque de luz y húmedos paisajes
reina la magia.

AGRADECIMIENTO

Cientos de grillos aúllan a la orilla de una rotonda.
El más tierno can duerme a mis pies,
suena un chasqueo.
Quiero pensar que es lluvia, pues.
Hay un ser que me protege quiero de creer.
Taciturno y alegre habita en mis codos y dientes,
dándole expresión bruja
a mis ganas de comprar el pan y untarle chocolate.

Horizontal y recién nacida,
he arropado a una mariquita zin lunarê,
que perdió su folclore una tarde de helá.

Después de días de trabajo y recepción,
este indigesto despliegue de polución
y capital palpitante ha salido de mis tripas.

Ya hecha mierda,
la confusión se vuelve ladrillos.

La obra final:
un espacio diáfano donde poder volver
a disfrutar el sentir.
Si no quieren que te vayas,
si las góticas caen sobre el tejado,
si las sientes en la sien,
lo estás haciendo bien.
Si en el dolor de la otredad encuentras
el placer individual pierdes tu credibilidad.

Te fragilitas, pues.
Te atontas.
Y el drogas algún día serás tú.
Con el perro sobre mis piernas
respirando te digo nunca digas nunca.

Por cada moneda que tiras salen mínimo dos caminos
y en los bolsillos llevamos todas cobre.

ÍNDICE

Este libro se terminó de editar en Granada
en septiembre de 2024 por

www.aversopoesia.com
hola@aversopoesia.com